4888

le 4888

LA NYMPHE DE CHANCEAUX,
OU
L'ARRIVEE DE LA SEINE AU CHÂTEAU DE MARLY.

A PARIS,
De l'Imprimerie d'ANTOINE CHRETIEN, Imprimeur-Juré-Libraire
de l'Université, ruë de la Huchette, à la Bastille.

M. DC. XCIX.
AVEC PERMISSION.

AU ROY.

 LOUIS reçois ici l'hommage d'une Muse,
Qui chante les travaux où ton esprit s'amuse,
Quand ta foudre en repos arrête son éclair
Et n'épouvente plus ny la terre ny l'air.

⚜⚜

Elle n'étale point ces termes emphatiques
Dont on pare aujourd'huy les phrases Poëtiques,
Mais d'un stile plus simple elle expose à tes yeux
La seule expression & des noms & des lieux.

CASSAN.

LA NYMPHE
DE
CHANCEAUX,
OU
L'ARRIVÉE DE LA SEINE
AU CHÂTEAU DE MARLY.

Dans la riche Contrée où le Dieu des vendanges
Voit toûjours celebrer ses divines loüanges,
Pour les gros revenus qui proviennent du fruit
Que dans ce beau terroir son Vignoble produit.
Là tout prés de Chanceaux & non loin de Saint Seine,
Du fond d'un petit bois l'on voit sortir la Seine,
Qui d'abord jaillissant par de petits boüillons,
S'en va de quelques champs arroser les sillons,

Puis raſſemblant ſes Eaux le long d'une coline,
Elle vient réjouïr la Campagne voiſine,
Et tombant dans un fond, commence à cet endroit
De ſe former un lit par un canal étroit;

  De là ſuivant ſa pente en traverſant les plaines,
Elle reçoit par tout le tribut des Fontaines,
Qui par des flots d'argent viennent dans des ruiſſeaux
S'empreſſer à l'envi pour augmenter ſes Eaux.

  La Nymphe qui reſide au fond de cette ſource,
Admirant les progrés qu'elles font dans leur courſe,
Sent un inſtinct ſecret qui luy fait concevoir
Une fois pour toûjours le deſſein de les voir.

  Elle ſort à l'inſtant & ſous l'ombre des Saules,
Treſſe ſes longs Cheveux flotans ſur ſes épaules,
Met ſa Robe, & de fruits prend un bouquet en main,
Et quitte ſon ſejour pour ſe mettre en chemin.

  De ces ſaules enfin abandonnant l'allée,
Elle vient à Bagneux, où dans une vallée
Son Canal s'élargit & déja ſur ſes Eaux
L'aviron fait voguer quelques legers Batteaux.

Alors de quelques flots élevant la furface,
La Nymphe en un inftant fe forme un char de glace,
Et Montant fur fon fiége elle va lentement
fuivre le fil de l'eau par un doux mouvement.

Les Faunes qui n'ont veu rien dégal dans le monde,
La prenent pour Thetis la Deeffe de l'onde,
Mais le fort d'Acteon, dont ils font informés,
Les écarte bien-tôt de frayeur alarmés.

La Nymphe qui les voit rentrer dans leur retraite,
De leur vaine frayeur demeure fatisfaite,
Et pour ne plus paroître à leurs prophanes yeux,
Se fait d'une vapeur un voile officieux;

Ainfi tranquillement elle fait fon voyage,
Et remarque les lieux, qui bordent fon rivage;
Elle voit Châtillon, dont l'antique Rempart
Eft le premier objet digne de fon regard,
Muffy-l'Evêque, & Bar, & la Cité de Troye
Font chacune à fon tour le fujet de fa joye,
Cette Cité n'eft pas celle ou le feu Gregeois
Vit fa flâme meflée au fang de fes Bourgeois.

Au deſſous de Meri, l'Aube augmente ſon Onde,
Puis la Nymphe voit Pont & ſa Plaine feconde,
Nogeant non loin de la, Bray devers l'autre main
Montereau Fautyonne au bord de ſon Chemin
Où par le gros renfort d'une Onde auxiliaire,
On peut l'appeller fleuve auſſi tôt que Riviere.

  Melun avec ſon Pont ſemble arreſter ſon cours;
Plus loin paroît Corbeil avec ſes vieilles Tours;
Sur un penchant ſe voit Villeneuve Saint George,
Et plus bas dans ſon Lit la Marne ſe dégorge;
Elle admire en paſſant ces ſuperbes Maiſons *
Où regne un doux Printems dans toutes les ſaiſons;
A ſa droite eſt auſſi le Château de Vincenne
Avec l'Arc de Triomphe érigé dans la Plaine
Pour les Exploits fameux & les faits inoüis
Qui de mille Lauriers ont couronné LOUIS;

  A la gauche & plus loin paroît l'Obſervatoire,
Où de l'ordre des temps Caſſini fait l'Hiſtoire,
Et par de longs Tuyaux voit d'un œil curieux
Au travers du criſtal le mouvement des Cieux.

  * *Choiſy, Conflans, Bercy, &c.*

Enfin à la faveur de l'Onde qui la mene
Elle entre dans Paris sans détour ny sans peine,
Et bien tost l'Arcenal, les Maisons & les Ponts
Sont par elle passés en observant leurs fronts ;
Mais entre les deux Ponts que regarde le Louvre,
Considerant par tout ce que son œil découvre,
Elle admire au Pont-neuf le valeureux Henry
Sur un Cheval d'Airain qui d'un air aguerry,
Semble encor commander au milieu des Batailles
Ou forcer les Ligueurs couverts de leurs Murailles ;

 Le Louvre, à sa main droite, est un si bel objet
Qu'elle a regret d'en voir suspendre le projet,
Sur tout de ce Fronton d'ordonnance correcte
Chef-d'œuvre merveilleux de Perrault l'Architecte:
Si de le voir finir ce n'est pas la Saison
C'est à d'autres qu'à nous d'en sçavoir la raison.

 D'un College Fameux * riche en toute maniere
Elle voit tout à plein la face reguliere,
Jule par ses bienfaits a voulu dans ce lieu
Eternifer son nom, imitant Richelieu

* *Le College des quatre Nations.*

A qui la France doit la Célebre Sorbonne,
Et les fuccés heureux des fujets qu'elle donne.
　Plus bas le Pont-Royal bâty folidement
Eſt encor de Paris un utile ornement.
　Elle apperçoit auſſi le Parc des Thuilleries
Où l'on vient étaler l'or & les broderies,
Là tout ce que Paris à de riche & de beau,
S'en va durant l'Eté l'embelir de nouveau,
Et pendant ce concours fuivie de mille efcortes
Les Carroffes dorés en affiegent les portes.
　Plus loin le Cours la Reine eſt ombragé d'Ormeaux,
Dont le branchage épais fait trois rangs de Berceaux,
Quelquefois dans ce Cours le Duc & la Ducheffe
Des Caroffes Bourgeois font foulés dans la preffe,
Et fans leur Ecuffon leur train ne fçauroit pas
Les faire diſtinguer parmi cet embarras.
　De l'autre main paroiſt l'Hoſtel des Invalides
Affermi fur un fonds de revenus folides,
Superbe Monument où la poſterité
Connoîtra de LOUIS le zéle & la bonté.
　　　　　　　　　　　　　　　　Au

Au loin se voit Meudon, qui sur une éminence
Est le lieu de repos de l'Ainé de la France,
LOUIS y vient aussi dans la belle saison,
Respirer quelquefois l'air de cette maison,
Et pour se délasser des peines que luy donne
Pour le bien de l'Estat le poids de sa Couronne.

Plus bas paroît Saint Clou qui du haut du Côteau
Voit rouler le Cristal dans les cascades d'Eau;
Philippe y tient sa Cour certain tems de l'année,
Et par de doux plaisirs partage la journée,
Mais Paris quelquefois reçoit cette faveur,
Quand aux solemnitez il vient luy faire honneur.

La Nymphe voit encor l'Architecture antique
Du Château de Madrid, Ouvrage magnifique
Puis le courant s'écarte, & va vers Saint Denis,
Où l'on garde en dépost des Tresors infinis.

Ainsi par ce contour son Onde détournée
Serpente dans la Plaine une demi journée,
Il semble qu'elle craint de passer par l'endroit
Où plus bas que Ruël son lit devient étroit.

B

Mais enfin son penchant luy faisant violence
L'entraîne dans ce lieu malgré sa resistance,
Et fait voir à la Nymphe au-delà du tournant
Le formidable Objet d'un travail surprenant.

  Comme on voit en hiver la forest des Ardennes
Quand la bize a fait cheoir le feüillage des chesnes
Et chassé les voleurs de tous les defilez,
Presenter ses vieux Troncs qui paroissent brulés;

  Ainsi se voit de loin la Machine effroyable
Ouvrage de nos jours qui paroît incroyable,
Avec tout l'attirail de son corps herissé
De roüage & de Ponts l'un sur l'autre exhaussé,
Dont les bras s'étendant vers le haut de la Coste
Meuvent les Balanciers comme on voit une Flote,
Que la Vague entretient dans le balancement,
Incliner tous ses Mâts à chaque mouvement :

  Quoy dit-Elle, en voyant la Machine étonnante,
Seray-je donc contrainte à poursuivre ma pente,
Et me faire roüer parmi tous les ressorts,
Que je vois remuer par de si grands efforts !

Non, non, dit-Elle alors, la Nymphe de la Seine
Se mêlera plûtôt avec l'eau qui l'entraine,
Et par son changement sçaura bien éviter
Les outrages cruels qu'elle voit apprester.

Ainsi dit à l'instant, elle se rend liquide,
Son Corps va se mêler avec l'onde rapide,
Et dans le fil de l'Eau tâche de s'alonger
Croyant par ce moyen d'éviter le danger.

Mais en vain, car aux Ponts cent Pompes aspirantes
L'enlevent de son lit a reprises frequentes,
Et la livrent ensuite aux Pistons refoulans
Qui font pour l'élever des efforts violens.

Alors par ces efforts, elle sent qu'elle monte
Vers le haut du Coteau dans des tuyaux de fonte,
Qui vont la revomir au prochain reservoir,
Où cent autres Tuyaux viennent la recevoir.
Là les Pistons changeant leur maniere ordinaire
Pressent de bas en haut par un effet contraire.

Elle revoit le jour pour la seconde fois,
Et reprend en ce lieu l'usage de la voix.

Pour se plaindre en passant du Chevalier de Ville
Qu'elle voit sur sa gauche avec son air tranquille,
Qui t'oblige dit-elle avec ton Art maudit
A venir malgré moy m'enlever de mon lit ;
A ces mots, les Pistons luy coupant la parole,
Le Clapet la retient s'ouvrant à tour de rôlle,
Et la fait parvenir aprés tant de détours
Sur le haut du regard pour luy donner son cours,
De là sur l'Acqueduc sa pente naturelle
Luy fait prendre bien-tôt une route nouvelle.

 Enfin elle descend par des tuyaux de fer
Dans un long reservoir appellé trou d'Enfer,
Mais c'est là que le Ciel devenu favorable,
Luy presente par tout un aspect agréable :
Soleil, dit-Elle alors, qui brilles dans les Cieux,
Aprés tant de tourmens, que vois-je dans ces lieux,
Quel calme regne ici, quelle est cette Contrée,
Qui sans doute autre part doit avoir son entrée ;
Car je ne pense pas que l'horrible conduit,
Par où j'ay fait chemin à travers de la nuit

En ait jamais été le sentier, ny la route.

Apollon à l'instant, pour la tirer de doute,
Belle Nymphe, dit-il, apprenez qu'en ce lieu
Aux jours de son repos, habite un demi Dieu,
C'est LOUIS, ou plutôt c'est le vaillant Alcide,
Qui vient de réprimer la fureur homicide,
Dont le Dieu des combats agite les humains,
Lorsque pour se détruire ils ont armé leurs mains.

Les destins en ces lieux ont borné vôtre course,
C'est icy que Vôtre Urne à l'opposé de l'Ourse,
Doit dégorger ses Eaux dans un riche Canal,
Pour les faire couler d'un mouvement égal.

En achevant ces mots, il poursuit sa carriere,
Et répand sur la Nymphe un rayon de lumiere
Qui rétablit son corps dans son premier état,
Relevant sa beauté par un nouvel éclat.

D'obéïr aux destins la Nymphe est toute preste,
Et marchant quelques pas aperçoit sur sa droite,
Au milieu d'un valon le Château de Marly
Que la Nature & l'Art ont par tout embelly.

Là devers chaque main l'Architecture étale,
Six riches Pavillons de simetrie égale
Qu'on fait communiquer par de triples Berceaux
Artistement formez de Charmes & d'Ormeaux ;

De ces douze Maisons l'Astre de la Contrée
N'a jamais aux ennuis veu profaner l'entrée,
Les innocens plaisirs viennent seuls dans ces lieux
Les rendre aussi charmans que le séjour des Dieux.

La Nymphe s'avançant d'une démarche lente
Reconnoît son Canal pratiqué dans la pente,
Qui descend du Midy vers le front du Château,
Et surprise elle admire un Ouvrage si beau,

C'est donc icy, dit-Elle, où le destin m'amene
Pour y faire couler une nouvelle Seine,
Je ne m'attendois pas de trouver en ces lieux
Aprés mon infortune un sort si glorieux.

Alors elle se couche, & son Urne penchante
Fait couler à longs Flots la Riviere naissante,
Etendant son Cristal de l'un à l'autre bord
Et la Nymphe à l'instant se repose & s'endort.

Les Ondes cependant par leur courſe bruyante
S'emparent du Canal, en occupent la pente,
Et leur gazoüillement attirant les Oyſeaux,
Ils meſlent leur ramage au murmure des Eaux.

Muſe, c'eſt maintenant que vous devez m'apprendre
L'agréable plaiſir qu'on eut de les entendre,
Quand les bruits de leurs Flots juſqu'alors inoüis
Dans ſon appartement éveillerent LOUIS.

Le Monarque à ce bruit, qui luy charme l'oreille
Se leve promptement pour voir cette merveille,
Et ſuivy d'une Cour dont il a fait le choix,
Voit la Seine à Marly pour la premiere fois.

Le Soleil éclairant l'un & l'autre Rivage,
Il ſemble qu'en ce lieu coulent les Eaux du Tage,
Dont les ſuperbes Flots dans leur cours diligent
Font parmy leur gravier rouler l'Or & l'Argent.

LOUIS qui ſur le bord conſidere leur courſe
Monte inſenſiblement, pour aller à la ſource,
Et venant au ſommet voit la Nymphe qui dort
Au bruit que font ſes Eaux vers le côté du Nord

Nymphe, dit-il alors, dont l'Onde claire & pure,
Coule dans ce Canal avec un doux murmure,
Et ranime les Fleurs, que Flore dans ces lieux
Fait naître sous nos pas pour arrester nos yeux,
Reconnoissant icy vôtre abord favorable,
Je feray que vos Eaux par un travail durable,
S'écoulant à travers de tuyaux de metal,
Eleveront en l'air mille objets de Cristal,
Qui frayant vers le Ciel une route inconnuë
Sembleront de nouveau remonter dans la nuë

Aussi-tost à Mansard il donne le dessein
De faire ouvrir la Terre & foüiller dans son sein,
Pour conduire avec art par cent routes profondes
Le tribut qu'on reçoit de ces nouvelles Ondes.

L'Architecte obéit, & par mille jets d'Eau
On voit briller Marly d'un ornement nouveau

FIN

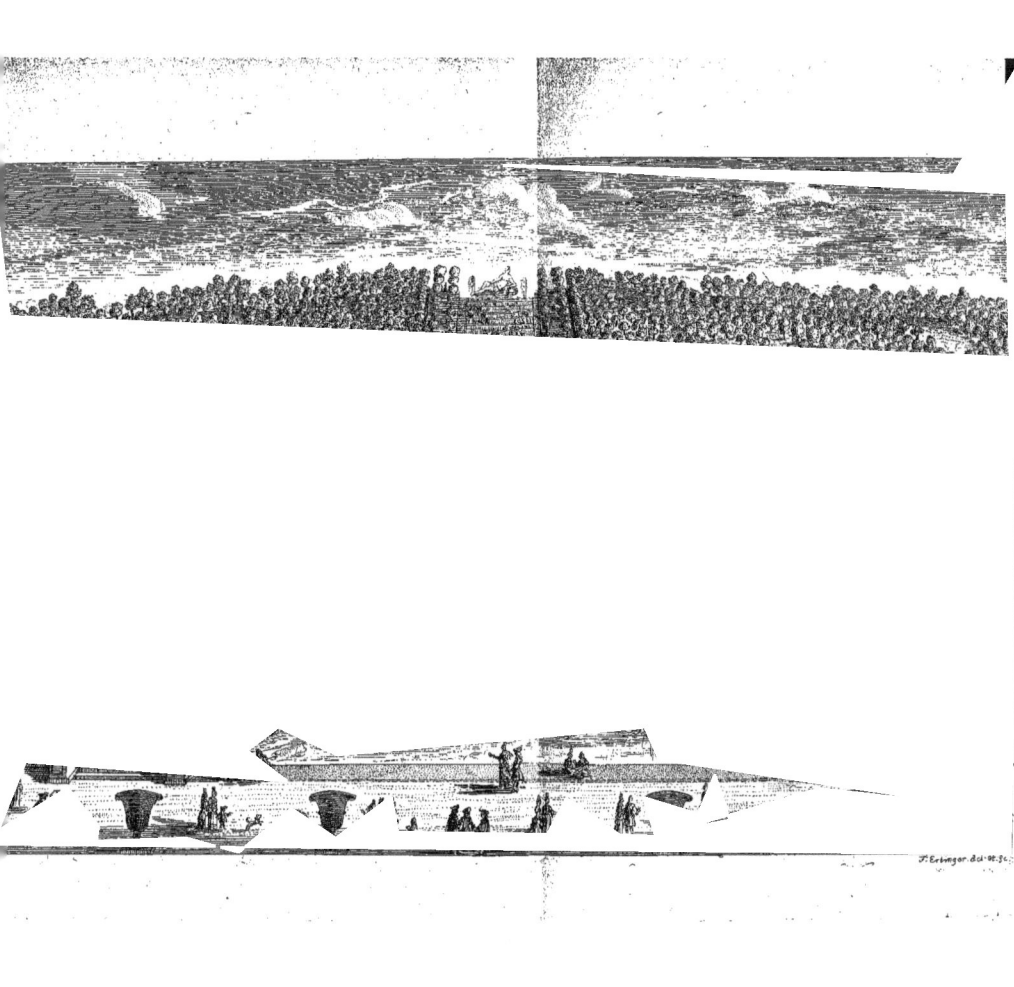

www.ingramcontent.com/pod-product-compliance
Lightning Source LLC
Chambersburg PA
CBHW071427060426
42450CB00009BA/2063